花おりがみの「紙」について

花おりがみに使う紙は、一般的な「折り紙」でいいと思いますが、
15×15cmの折り紙を指定のサイズにカットして使うこともあり、
紙の大きさを工夫することで、新たな表現が生まれます。
また、伝統的な和紙を使うことで、折り紙が一層高い芸術表現に変わります。
趣のある「折り紙」を使うと、花おりがみもまた風情を変えます。

和柄、日本の伝統模様の千代紙
桜などの和柄にラメ加工をほどこした、
きれいな柄の和紙。

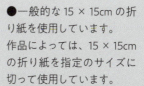

●一般的な15×15cmの折り紙を使用しています。作品によっては、15×15cmの折り紙を指定のサイズに切って使用しています。
●紹介している大きさはあくまでも参考です。お好みでいろいろな大きさにチャレンジしてみてください。

片面に色がついている無地の折り紙
片面に色がついていて、もう片面が白色の
一般的な折り紙。はじめて折り紙で作品を
折る方におすすめのタイプです。

和紙でできたやわらかな折り紙
両面に色がついていて、紙の表面に少し
ざらつきのある和紙の折り紙。やわらか
な紙質が特徴です。

はじめに ……………………………… 2

花おりがみの「紙」について ……… 3
この本に登場する基本の折り方と記号 …… 6
この本で使う材料と道具 …………… 9
飾って楽しむ　花おりがみオーナメント …… 10

Chapter 1　立体花おりがみオーナメント

ランタナ	22
アネモネ	28
スイートアリッサム	33
アリウム	38
ばら	43
クレマチス	49
あやめ	55
麻の花	60
アナナス	64
葵	68
さくら	73
花にら	77
ガーベラ	81
ゆり	87

コラム 01
吊るして飾る花おりがみオーナメント … 92

Chapter 2 平面花おりがみオーナメント

うめ ……………………………………… 94
さくら …………………………………… 97
ダリア …………………………………… 100
にげら …………………………………… 103
ガザニア ………………………………… 106
ペチュニア ……………………………… 110
きく ……………………………………… 113

コラム 02
置いて飾る花おりがみオーナメント …… 116

Chapter 3 伝承花おりがみオーナメント

伝承・くす玉1 ………………………… 118
伝承・くす玉2 ………………………… 122

この本に登場する基本の折り方と記号

折り紙を折る前に、基本の折り方と記号の意味を覚えておくと、正しく折ることができます。

谷折り

折りすじが内側になるように折ります。

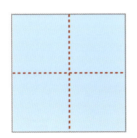

山折り

折りすじが外側になるように折ります。

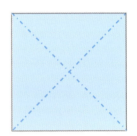

前に折る

折り紙を手前に折ります。

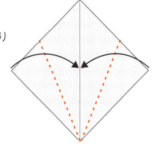

うしろに折る

折り紙を後ろ側に折ります。

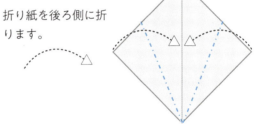

折りすじをつける

図の折り線のとおりに折り、開いてもどします。

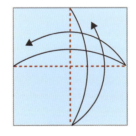

折りすじをつけたところは、グレーの実線で示しています。

折りつぶす

折り線に沿って、袋状の部分を開いて折りつぶします。

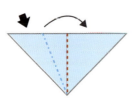

折り込む

矢印の部分を開き、折り線に沿って左右を内側へ折り込みます。

 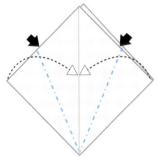 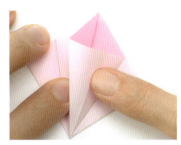

四角に折る

折りすじをつけたら、☆を★に合わせて四角に折りたたみます。
このとき、左右の☆の角は、内側へ折り込みます（実際の折図には星印は入っていません）。

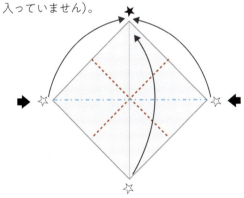

三角に折る

折りすじをつけたら、☆を★に合わせて三角に折りたたみます。左右の☆のところは、内側へ折り込みます（実際の折図には星印は入っていません）。

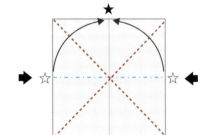

四隅を折る

折り紙の4か所の角を中心に合わせて折ります。

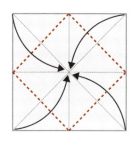 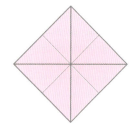 

折り広げる

中心から外側に向けて、広げて折ります。

うらがえす

折り紙をうらがえします。

むきをかえる

折り紙の向きを変えます。

図を大きくする

折り図を前の工程より拡大して説明しています。

切り込みを入れる

はさみのマークが出てきたら、線に合わせて切り込みを入れます。

のり付け

緑色の斜線部分に接着剤をぬって、はり合わせましょう。

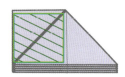

細い場所にぬる場合は、接着剤を容器に少し出して楊枝や竹ぐしでぬると、はみ出さずにきれいにぬれます。

乾くまでマスキングテープで仮止めしよう

接着剤をつけたら、その部分が乾くまでマスキングテープでおさえると、形がずれにくくなります。

この本で使う材料と道具

折り紙のほかに、作品づくりで必要な材料と道具です。
みなさんが普段から使っている身近な道具や、
文房具店や手芸屋さんで揃えられる材料でつくれます。

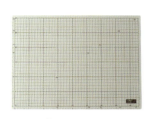

カッター、カッターマット
紙を指定のサイズに切るときなどに使います。

はさみ
紙に切り込みを入れるときなどに使います。手芸用の小さくて先のとがったものがおすすめです。

木工用接着剤
花パーツをはり合わせるときに多用します。先が細くなっていると、接着するときに便利です。

竹ぐし、楊枝
スペースの狭いところをととのえたり、接着剤を少しだけつけたいとき（P8参照）に使うと重宝します。

金属の定規
紙を指定のサイズに切るとき、竹ぐしで折りすじを入れるときに使います。

ピンセット
細かく折ったり、折ったところを押さえたりととのえたりするときに使いましょう。

色えんぴつ
折り紙自体に色をつけたり模様を入れたりするときに使います。色は、折り紙の色と合わせるといいと思います。

洗濯ばさみ
折った折り紙の部分を押さえたりするときに使います。挟む力が強すぎると紙に跡が残ってしまうのでご注意ください。

ひも・糸・リボンなど
花折り紙ユニットを、吊るして飾ったり、おもてなしようにデコレーションして飾ったりするときに使いましょう。

ビーズ
できあがったオーナメントを吊るすときに、デザインとして使いましょう。素敵に仕上がります。

マスキングテープ
花パーツを組み合わせるとき、マスキングテープで仮どめすると形がつくりやすいです。

飾って楽しむ 花おりがみオーナメント

葵 (あおい)
折り方P68

アネモネ
折り方P28

スイートアリッサム
折り方 P33

ダリア
折り方 P100

12

にげら
折り方P103

アリウム
折り方 P38

あやめ
折り方 P55

きく
折り方 P113

麻の花
折り方 P60

うめ
折り方 P94

伝承・くす玉2
折り方 P122

さくら
折り方 P97

さくら
折り方 P73

ガザニア
折り方P106

伝承・くす玉1
折り方 P118

花にら
折り方 P77

20

立体花おりがみ
オーナメント

折り紙でつくる花々を組み合わせ、
丸や四角い形のオーナメントに仕上げました。
折り紙だからこその風合いと
手で折るあたたかさが織りなす、
新しい花おりがみの楽しみ方をご紹介します。

Chapter 1

立体花おりがみ

ランタナ

難易度 ★★★

小さなお花がギュッと集まって色鮮やかに咲くランタナ。
その集まった感じを表現しました。
小さいサイズのお花にもチャレンジしてみてください。
手のひらに乗るくらいの大きさがとても可愛らしいです。

折り紙の　　[花大1個分] 7.5cm 四方・24枚（仕上りサイズ　直径約7.5cm）
サイズの目安：[花小1個分] 5cm 四方・24枚（仕上りサイズ　直径約5cm）

花パーツを折る

1
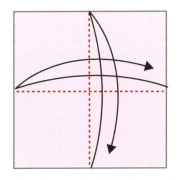
たてよこに折りすじをつけます。

2
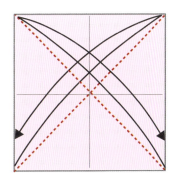
ナナメに折りすじをつけます。

3
うらがえす
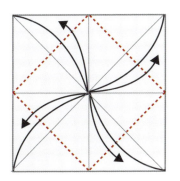
四隅を真ん中に合わせて折り、すじをつけます。

4
うらがえす
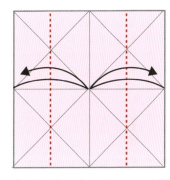
左右を真ん中に合わせて折りすじをつけます。

5
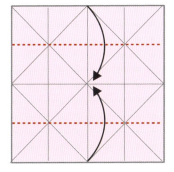
上下を真ん中に合わせて折ります。

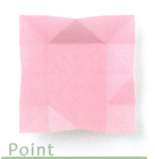
Point
折りすじをしっかりつけて折ります

6

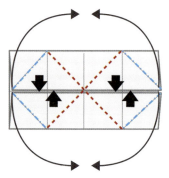

左右の真ん中の角を、上下に開きながら折りすじのとおりに折りつぶします。

7

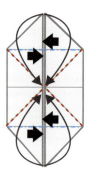

上下の4つの角を、それぞれ真ん中に合わせて四角に開いて折りつぶします。

8

うらがえす

図を大きく ➡

四隅を真ん中に合わせて折ります。

9

うらがえす

手前の4つの三角を外側へ広げます。

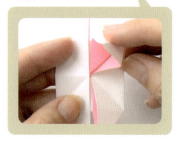

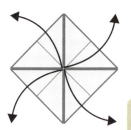

10

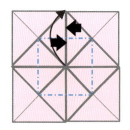 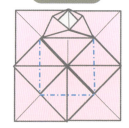

途中の図

四角を真ん中から外側に折りつぶします。他の3箇所も同じようにします。

11

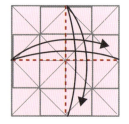

たてよこに折りすじをつけます。

立体花おりがみ

12
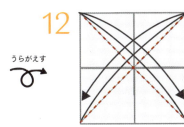

ナナメに折りすじをつけます。

13
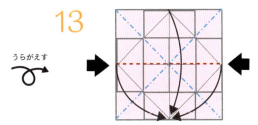

折りすじに沿って三角に折りたたみます。

14
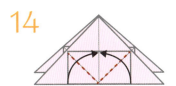

手前の長方形の左右の下の角を、真ん中に合わせて折ります。めくりながら他の3箇所も同じようにします。

折った図

花パーツのできあがり

15

14で折った内側の袋のところを外側に折ります。

Point
竹ぐしなどを使って、折り紙を外側に向けます

16

同じものを24個つくります。

25

組み合わせる

17

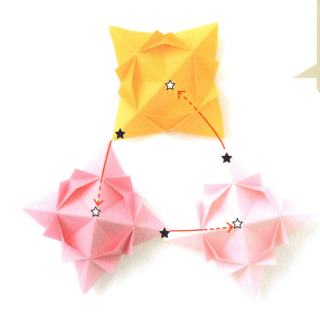

組み合わせた図

花パーツを3個用意します。ひとつの花パーツの三角の先★を、もうひとつの花パーツの☆の下のすき間に差し込み、3個を組み合わせます。同じものを8組つくります。

Point
組み合わせても外れやすいようなら、★のところに接着剤をぬると外れにくくなります

18

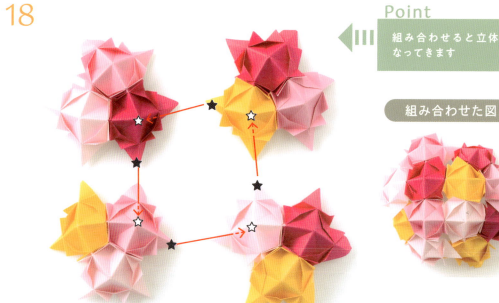

Point
組み合わせると立体になってきます

組み合わせた図

17でつくった花パーツ4組を、17と同じように組み合わせます。

立体花おりがみ

19

むき
かえる

18でつくったパーツのよこ4箇所を、17と同じように組み合わせます。同じものを2組つくります。

20

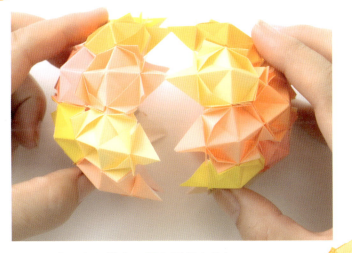

19でつくった2組を、17と同じように8箇所で組み合わせてつなげ、球体にします。

できあがり

立体花おりがみ

アネモネ

難易度 ★ ★ ★

赤、青、紫などの美しい色合いをもつアネモネ。
神話や伝説にもよく登場する花です。
花パーツを組み合わせていくと、
大きく開いた6枚の花びらが重なり合い、
ひらひらとした表情の立方体が完成します。

折り紙の　　[花大1個分] 15cm 四方・6枚（仕上りサイズ　直径約7.5cm）
サイズの目安：[花小1個分] 12cm 四方・6枚（仕上りサイズ　直径約6cm）

花パーツを折る

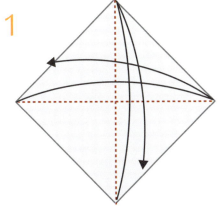

たてよこに折りすじをつけます。

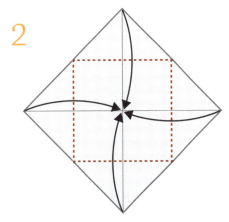

四隅を真ん中に合わせて折ります。

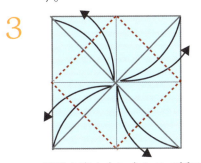

四隅を真ん中に合わせて折りすじをつけます。

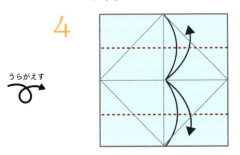

上下を真ん中に合わせて折りすじをつけます。

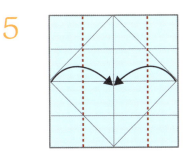

左右を真ん中に合わせて折ります。

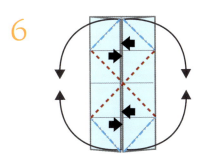

上下の真ん中の角を、左右に開きながら折りすじのとおりに折りつぶします。

7

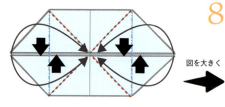

左右の4つの角をそれぞれ真ん中に合わせ、四角に開いて折りつぶします。

8

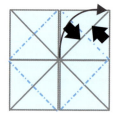

図を大きく →

7で折った四角を、真ん中から外側に折りつぶします。他の3箇所も同じようにします。

途中の図

竹ぐしで広げるとやりやすいです

9

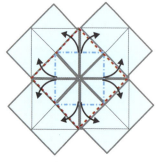

真ん中の四角に折りすじをつけます。

10

途中の図

9でつけた折りすじで、真ん中から外側に折りつぶします。

竹ぐしで広げるとやりやすいです

折った図

11

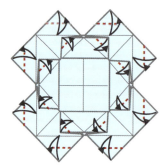

8と10で折ったところの角に、ナナメの折りすじをつけます。

立体花おりがみ

12
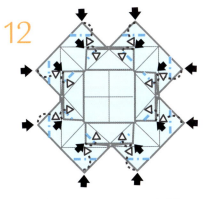

11の折りすじに沿って内側へ折り込みます。

折った図

13
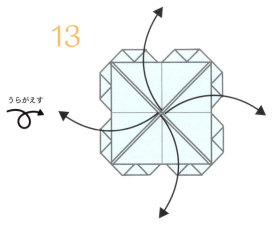

うらがえす

三角を真ん中から外側に広げます。

14
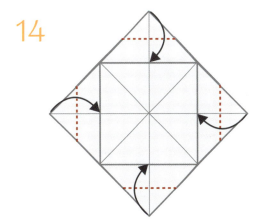

四隅を真ん中の四角の端に合わせて折ります。

15
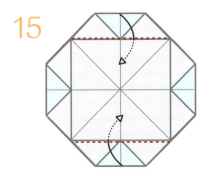

上下の端を、真ん中の四角の後ろ側のすき間に入れ込みます。

16

うらがえす

花パーツのできあがり

同じものを6個つくります。

31

組み合わせる

17 14で折ったところに接着剤をぬり、15で折ったすき間に差し込みます。4個を下の図のように口の字に組み合わせます。

口の字に組み合わせた図

18 残りの2個で上下にふたをするように、接着剤でつなぎ組み合わせます。

できあがり

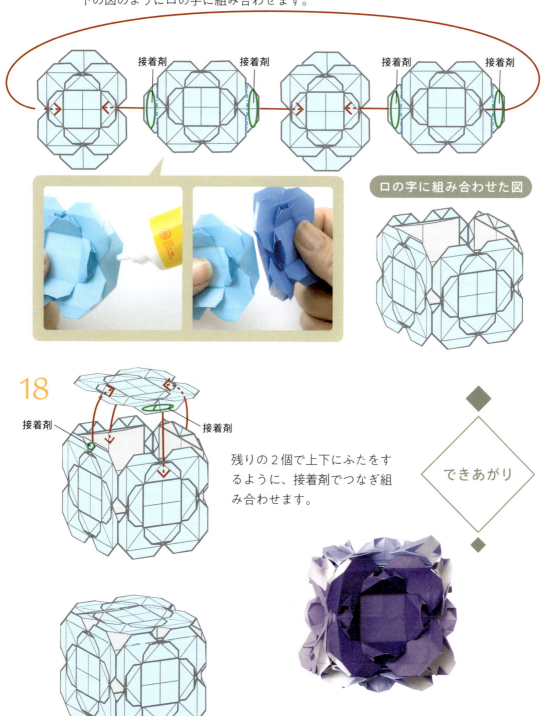

立体花おりがみ

スイートアリッサム

難易度 ★ ★ ★

小さな蝶が集まってきて
お花をつくっているようにも見えるスイートアリッサム。
密集した小花が可憐ですね。
一輪一輪ていねいに折ってまとめると
ふんわりとした優しさも感じられます。

折り紙の
サイズの目安： [花1個分] 5cm四方・28枚（仕上りサイズ　直径約6cm）

花パーツを折る

1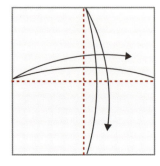

たてよこに折りすじつけます。

2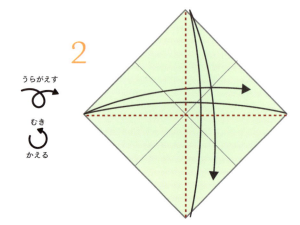

たてよこに折りすじをつけます。

3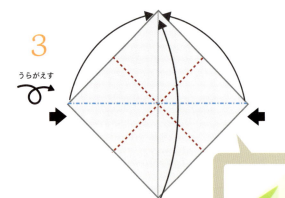

下の角を上の角に合わせ、四角に折りたたみます。左右は内側に折り込みます。

4

よこ半分に折りすじをつけます。後ろ側も同じようにします。

5

左右の角を真ん中に合わせて折りすじをつけます。後ろ側も同じようにします。

6

折りすじに沿って左右の角を内側へ折り込みます。後ろ側も同じようにします。

立体花おりがみ

7

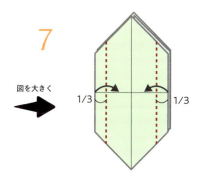

手前側の左右の縁を 1/3 で折ります。後ろ側も同じようにします。

8

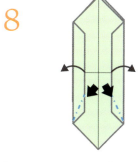

折ったところを、手前側のみ左右に広げます。下は三角に折りつぶします。後ろ側も同じようにします。

9

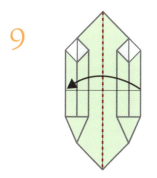

右の手前側を左側にめくります。後ろ側も同じようにします。

10

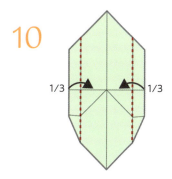

手前側の左右の縁を 1/3 で折ります。後ろ側も同じように折ります。

11

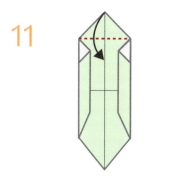

上の角を下へ折ります。4箇所とも同じようにします。

12

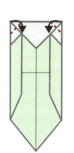

上の左右の角を折ります。4箇所とも同じようにします。

Point
和紙など、厚みのある紙でつくる場合は、10〜12 で折ったところを接着剤でとめておくときれいにできます

35

13 手前側の花びらを下へ折ります。あいだの左右の花びらは折りつぶします。

14 花パーツのできあがり

同じものを28個つくります。

組み合わせる

15 1個の花パーツ☆の内側に接着剤をぬり、もう一つの花パーツの★を挟むようにはり合わせます。上下2箇所を同じようにします。

16 同じものを8組つくります。

パーツA

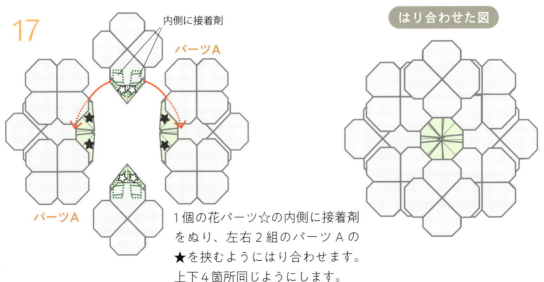

17 内側に接着剤

パーツA

パーツA

1個の花パーツ☆の内側に接着剤をぬり、左右2組のパーツAの★を挟むようにはり合わせます。上下4箇所同じようにします。

はり合わせた図

36

立体花おりがみ

18

うらがえす

15 でつくったパーツAを上下の★を挟むようにして、右側を上に出して接着剤でつなぎ組み合わせます。

よこから見た図

19

同じものを2組つくります。

20

乾くまで
マスキング
テープで
仮止めしよう

接着剤

1組の真ん中に接着剤をつけて、もう1組をはり合わせます。

できあがり

37

立体花おりがみ

アリウム

難易度 ★ ★ ★

大きなネギ坊主頭のようなフォルムが個性的なアリウム。
折り紙にしっかり折りすじをつけた花パーツを
ぴったり合わせるのがコツです。
金や銀の紙でつくると
星のようなオーナメントにもなります。

折り紙の　　[花大1個分] 3.75cm四方・60枚（仕上りサイズ　直径約6.5cm）
サイズの目安：[花小1個分] 3cm四方・60枚（仕上りサイズ　直径約5.5cm）

花パーツを折る

1
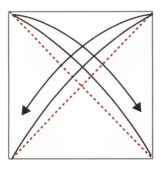
ナナメに折りすじをつけます。

2
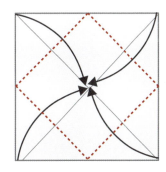
四隅を真ん中に合わせて折ります。

折った図
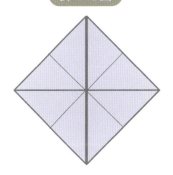

3
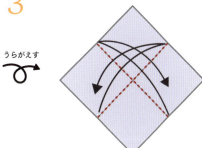
ナナメにきつく折りすじをつけます。

4
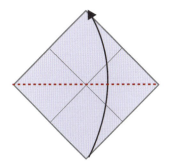
半分に折ります。

5
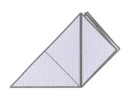
右下の角を内側へ折り込みます。

折った図

39

6

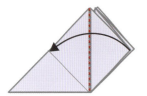

右端の角を手前の1枚だけめくります。

7

めくったところの半分に接着剤をぬり、もう一度戻します。

8

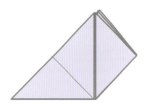

同じものを60個つくります。

9

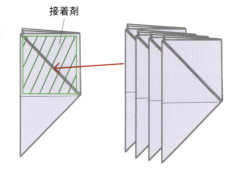

図のところに接着剤をぬり、5個をはり合わせます。

10

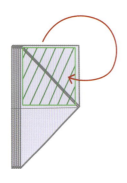

1個目と5個目を持ち、くるっと輪にして、接着剤ではり合わせます。

11

真上から見た図

同じものを12組つくります。

花パーツのできあがり

組み合わせる

12

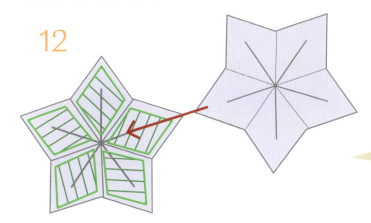

接着剤をこのあたりにぬります。

接着剤

1組の底の5面に、接着剤をぬって、11の花を5組はり合わせます。

接着剤

接着剤をつけたほうの花パーツに、もう1組の花パーツを重ねてはります。重なる部分をぴったり合わせるようにはりましょう。

はり合わせた図

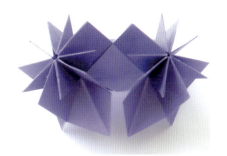

5個をはった図

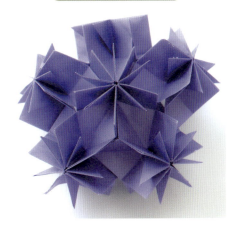

13

2組つくる

接着剤

12ではり合わせた、隣同士の底を接着剤でつなぎ組み合わせます。同じものを2組つくります。

14

はり合わせている図

接着剤

2組を組み合わせてはり合わせます。

できあがり

ばら

難易度 ★ ★ ★

ミニバラをたくさん折って花かごに入れてみました。
両面折り紙で折ると、色あそびが楽しめます。
かごからのぞくミニバラがおくゆかしくて
とっても可愛いです。

立体花おりがみ

43

折り紙の　　　[花1個分] 7.5cm 四方・8枚（仕上りサイズ　直径約3.5cm）
サイズの目安：[花かご1個分] 5cm 四方・24枚（仕上りサイズ　直径約6cm）

花パーツを折る

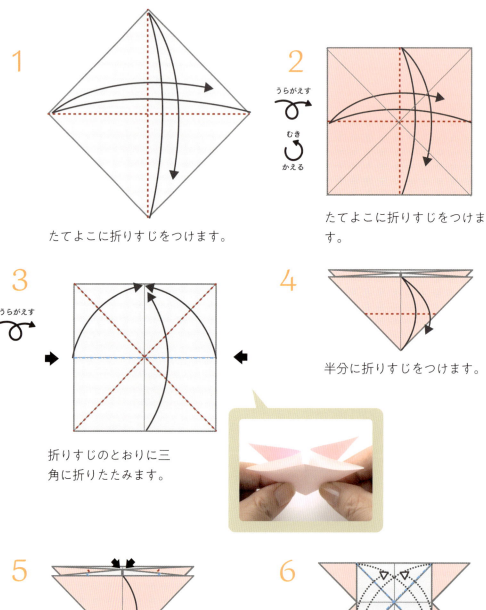

1　たてよこに折りすじをつけます。

2　たてよこに折りすじをつけます。

3　折りすじのとおりに三角に折りたたみます。

4　半分に折りすじをつけます。

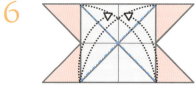

5　手前側の1枚を、4の折りすじに沿って下へ折ります。あいだの袋状になっているところは、三角に折りつぶします。

6　真ん中の四角のところに後ろへナナメに折りすじをつけます。

44

立体花おりがみ

7

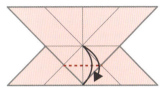

手前側の三角の下の角を真ん中に合わせて折りすじをつけます。

8
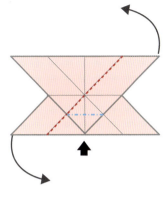

右上の角をナナメ左上側へ、左下の角をナナメ右下側へ折ります。7で折りすじをつけた三角の部分は四角に折りつぶします。

頂点が正方形になるように広げて、折りつぶします。

折った図

9
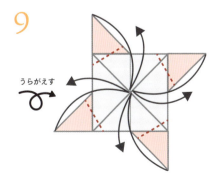

4つの角を真ん中に合わせて折りすじをつけます。

10
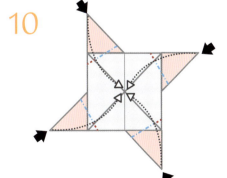

4つの角を折りすじに沿って内側へ折り込みます。

11

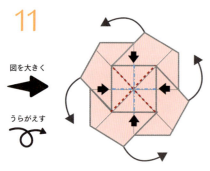

図を大きく
うらがえす

真ん中の四角を中心に集めながら、花びらをねじって少しずつ立体にします。

Point
手のひらの中に入れ、ピンセットでつまんでねじるときれいにできます

同じものを
8個つくります。

花パーツの
できあがり

花かごを折る

12

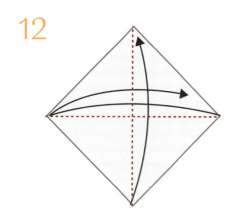

たてに折りすじをつけ、よこ半分に折ります。

13

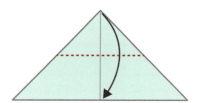

手前側の1枚の上の角を下へ折ります。後ろ側も同じようにします。

14

むき
かえる

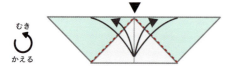

▲を軸にして、上の左右の辺を真ん中に合わせて折りすじをつけます。

15

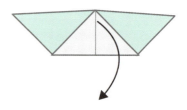

手前と後ろの三角を広げます。同じものを3個つくります。

46

立体花おりがみ

16

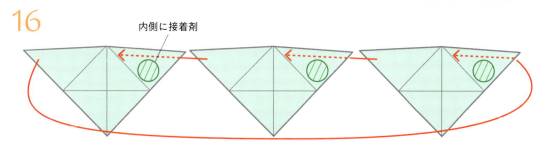

1個の葉っぱの内側に接着剤をつけて、もう1個の葉っぱを差し込みます。3個同じように差し込んで輪にします。

17

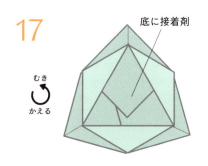

中側の三角が底になるように接着剤ではります。

18

花かごのできあがり

同じものを8組つくります。

組み合わせる

19

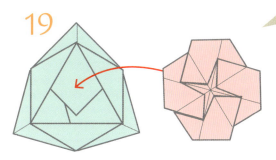

花パーツを花かごに入れます。

同じものを8個つくります。

Point
真ん中をピンセットでつまんで、花パーツをねじりながら差し込むと入れやすいです

20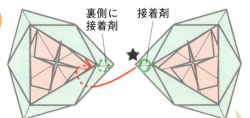

19でつくった1個の後ろ側のすき間に、もう1個の★の先を差し込んで接着剤でつなぎ組み合わせます。同じものを4組つくります。

21 合わせたもの2組を、20と同じように接着剤でつなぎ組み合わせます。同じものを2組つくります。

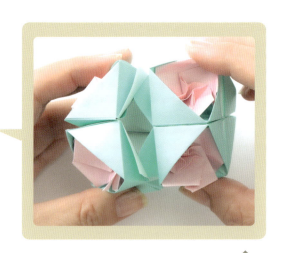

22

できあがり

21でつくった2組を、20と同じように接着剤でつなぎ組み合わせます。

クレマチス

難易度 ★ ★ ★

いくつものクレマチスのお花が連なった華やかなくす玉は
手の込んだ作品に見えますが
花パーツをつくるのは、むずかしくありません。
5枚の花びらを数えながら組み合わせてください。

立体花おりがみ

折り紙の　　[花大1個分] 5×10cm 四方・30枚（仕上りサイズ　直径約10cm）
サイズの目安：[花小1個分] 3.75×7.5cm 四方・30枚（仕上りサイズ　直径約8cm）

花パーツを折る

1
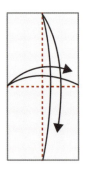
たてよこに折りすじをつけます。

2
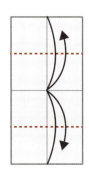
上下の辺を真ん中に合わせて折りすじをつけます。

3
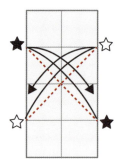
★と★、☆と☆を合わせて真ん中にナナメの折りすじをつけます。

4
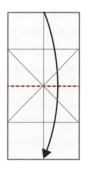
よこ半分に折ります。

5
図を大きく➡
上の左右の角を、折りすじに沿って内側へ折り込みます。

6
左の端に合わせている図
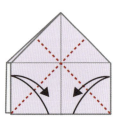 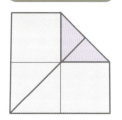
手前側の下の辺を、左の端と右の端に合わせてそれぞれナナメに折りすじをつけます。後ろ側も同じようにします。

7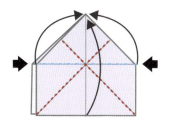

手前側を折りすじのとおりに三角に折りたたみます。後ろ側も同じようにします。

途中の図

8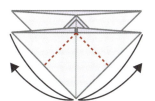

図を大きく

手前側の三角の上の左右の角を下の角に合わせて折りすじをつけます。後ろ側も同じようにします。

折った図

9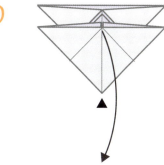

▲を軸にして、手前の三角を下に広げ、真ん中の四角がひし形になるように折り広げます。

10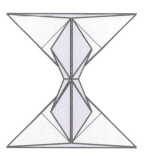

同じものを30個つくります。

花パーツのできあがり

組み合わせる

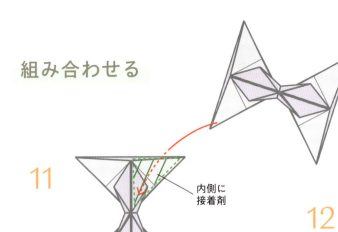

11

内側に接着剤

1個の花パーツの三角の内側に接着剤をぬり、もう1個の花パーツの三角部分を差し込みます。

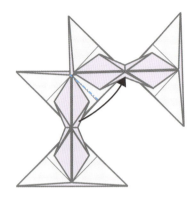

12

組み合わせた三角の部分を山折りに半分に折ります。

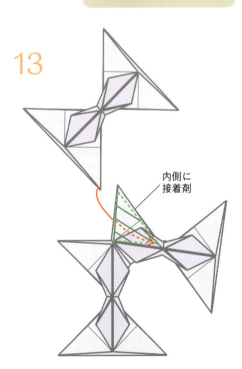

13

内側に接着剤

11〜12と同じように、花パーツ5個を接着剤でつなぎ、輪にして組み合わせます。

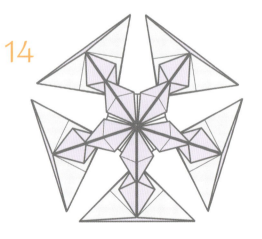

14

同じものを2組つくります。

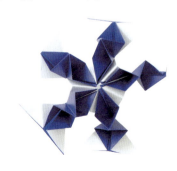

52

立体花おりがみ

15

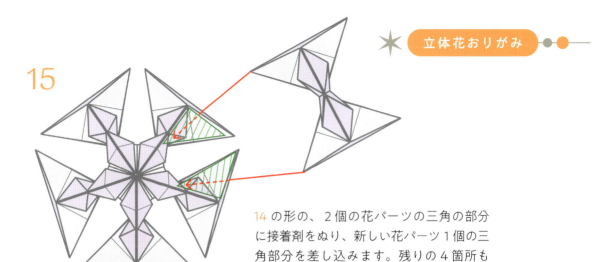

14の形の、2個の花パーツの三角の部分に接着剤をぬり、新しい花パーツ1個の三角部分を差し込みます。残りの4箇所も同じようにすると、少しずつ立体になってきます。

1個を組み合わせた図

Point
青い線の部分をしっかり山折りにすると、きれいな形になります

組み合わせた図

16

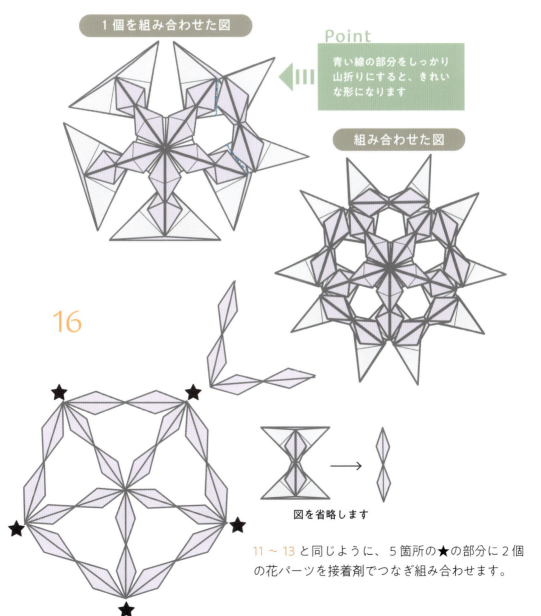

図を省略します

11〜13と同じように、5箇所の★の部分に2個の花パーツを接着剤でつなぎ組み合わせます。

53

17

☆と★を、11のように接着剤でつなぎ組み合わせます。

Point
組み合わせると、だんだん球体になってきます

18

11と同じように、☆と★のあいだに花パーツ1個を接着剤でつなぎ組み合わせます。5箇所とも同じようにします。

19

14でつくった残りの1組を、被せるようにして☆の部分に接着剤でつなぎ組み合わせます。

できあがり

あやめ

立体花おりがみ

難易度 ★ ★ ★

初夏の清々しいあやめをイメージした花おりがみです。
あやめの花の凛とした姿を感じさせる
立体オーナメントに仕上がりました。
端午の節句の兜のそばに置いても、負けない存在感があります。

折り紙の
サイズの目安： [花1個分] 7.5cm四方・12枚（仕上りサイズ　直径約7cm）

花パーツを折る

1
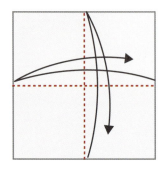
たてよこに折りすじをつけます。

2
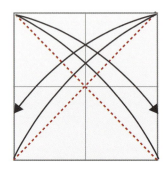
ナナメに折りすじをつけます。

3
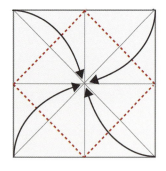
四隅を真ん中に合わせて折ります。

4
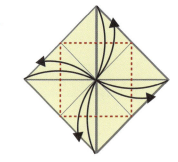
四隅を真ん中に合わせて折りすじをつけます。

5
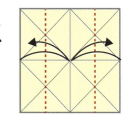
左右の辺を真ん中に合わせて折りすじをつけます。

6
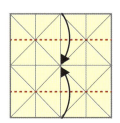
上下の辺を真ん中に合わせて折ります。

56

立体花おりがみ

7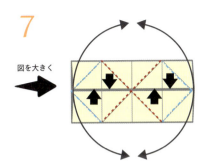

左右の真ん中の角を、上下に開きながら折りすじのとおりに折りつぶします。

8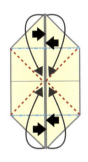

上下の4つの角を、真ん中に合わせて四角に開いて折りつぶします。

9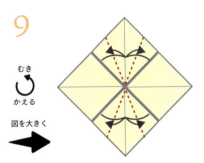

上下の四角に折りすじをつけます。

10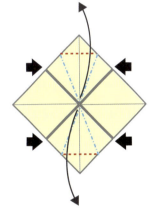

上下の四角を、折りすじのとおりに真ん中から外側へ開いて折りつぶします。

11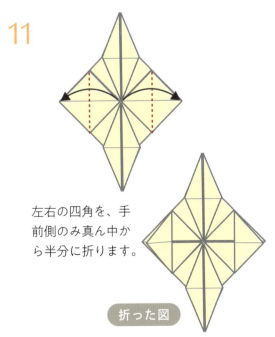

左右の四角を、手前側のみ真ん中から半分に折ります。

折った図

12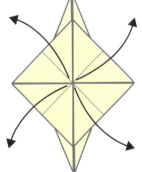

手前の三角を外側へ広げます。

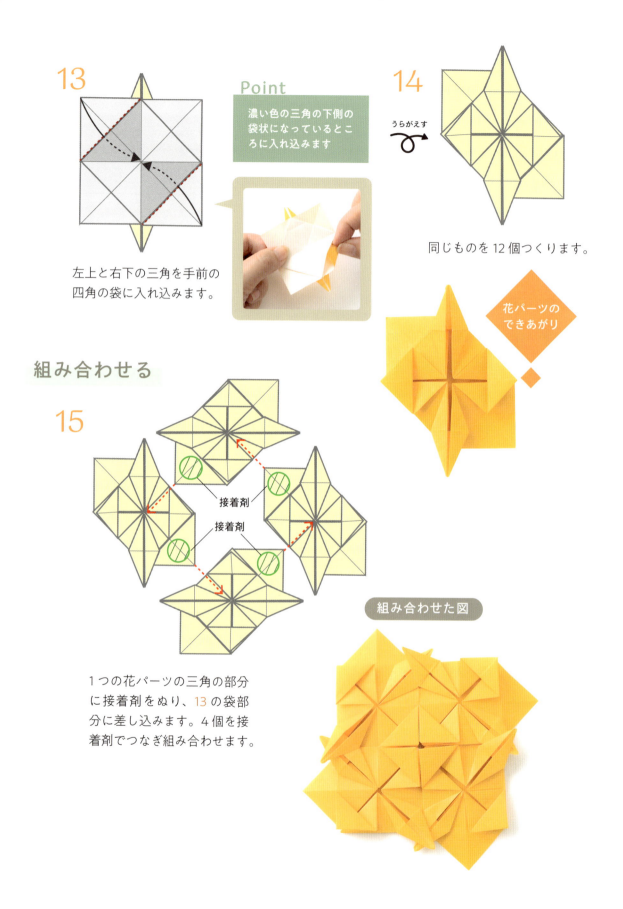

13
左上と右下の三角を手前の四角の袋に入れ込みます。

Point
濃い色の三角の下側の袋状になっているところに入れ込みます

14
うらがえす

同じものを12個つくります。

花パーツのできあがり

組み合わせる

15
接着剤

1つの花パーツの三角の部分に接着剤をぬり、13の袋部分に差し込みます。4個を接着剤でつなぎ組み合わせます。

組み合わせた図

16

ひし形の部分の★が3個合わさるように、三角の部分に接着剤をぬり、袋に差し込みます。残りの花パーツ3個とも、同じように接着剤でつなぎ組み合わせます。（立体になります）

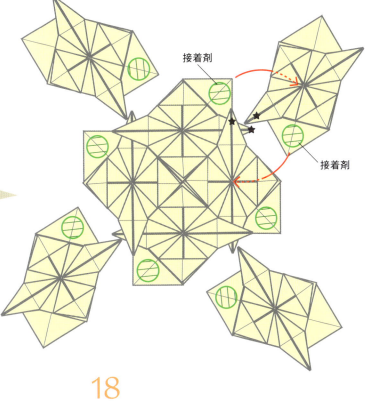

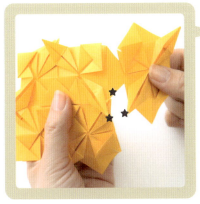

17

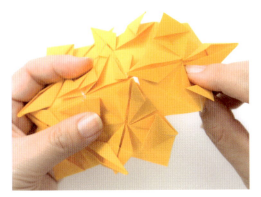

残りの4個も同じように接着剤でつなぎ組み合わせます。

Point
ひし形の部分3箇所が角になるよう組み合わせていきます

18

真ん中を4箇所接着剤でつなぎ組み合わせます。

できあがり

立体花おりがみ

麻の花

難易度 ★★★

ふうせんのようにふくらんだユニークなデザイン。
といっても、空気を入れているわけではありません。
紙の選び方しだいで、雪の結晶に似た感じにもなります。
たくさんつくってコロンとさせておくだけでも
可愛いです。

折り紙の
サイズの目安： [花1個分] 7.5cm 四方・6枚（仕上りサイズ　直径約5.5cm）

花パーツを折る

1
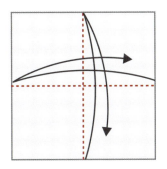
たてよこに折りすじつけます。

2
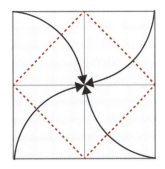
四隅を真ん中に合わせて折ります。

3
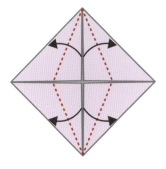
2で折ったところの三角の内側の端を、外側の端に合わせて折ります。

4
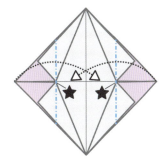
左右の★を起点にして、後ろ側へ折ります。

5
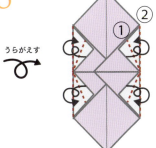

手前の三角を、①②の折りすじに沿って巻き込むように後ろ側へ折ります。

①の折りすじに沿っております。

6

♡と♥の三角をそれぞれ左右の端に合わせて折ります。

61

7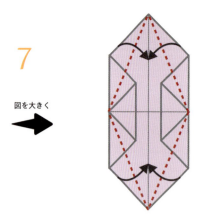

手前側の上下の左右の辺を真ん中に合わせて折ります。

8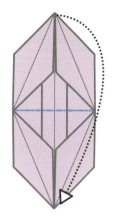

後ろへ半分に折ります。

9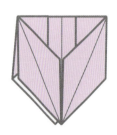

花パーツのできあがり

同じものを6個つくります。

組み合わせる

10

この部分を広げて下のパーツに被せる

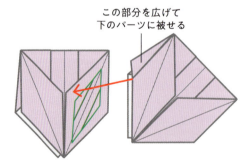

1個重ねた図

花パーツの手前の右側に接着剤をぬり、もう1個の花パーツの左側を被せるように組み合わせます。同じように6個接着剤でつなげ、輪にして組み合わせます。

立体花おりがみ

6個組み合わせた図

Point
6個組み合わせると、中心がぷっくりとふくらんできます

11

うらがえす

Point
ふくらみをつぶさないように、机の上などに置いて優しく接着剤でつなげましょう

後ろ側も10と同じように、接着剤でつなげて組み合わせます。

できあがり

63

立体花おりがみ

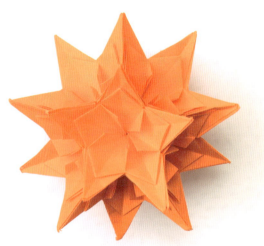

アナナス

難易度 ★ ★ ★

見ているだけで元気をもらえるアナナスの花。
ビタミンカラーの折り紙でつくると、
その空間の雰囲気をぱっと華やかにします。
花パーツをしっかりはり合わせるのがきれいに仕上げるコツです。

折り紙の
サイズの目安： [花1個分] 5cm四方・60枚（仕上りサイズ　直径約11cm）

花パーツを折る

1
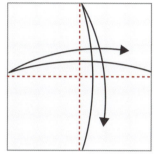
たてよこに折りすじをつけます。

2
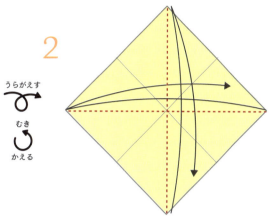
たてよこに折りすじをつけます。

3
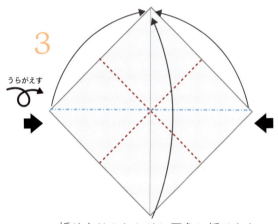
折りすじのとおりに四角に折りたたみます。左右は内側に折り込みます。

4
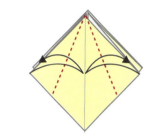
手前の左右の角を、真ん中に合わせて折りすじをつけます。後ろ側も同じようにします。

5
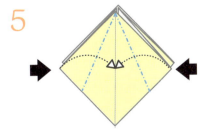
手前側だけ左右の角を内側へ折り込みます。

6
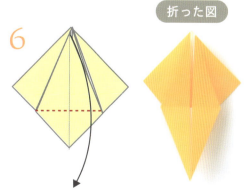

折った図

手前の1枚を下へ折ります。

65

7

うらがえす
むき
かえる

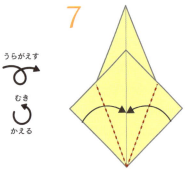

下の左右の辺を、真ん中に合わせて折ります。

8

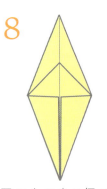

同じものを5個つくります。

9

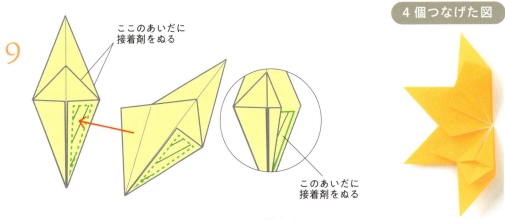

ここのあいだに接着剤をぬる

このあいだに接着剤をぬる

4個つなげた図

1個の内側に接着剤をぬり、2個目の端を広げて差し込みます。同じように5個を接着剤でつなげて、輪にしてはり合わせます。

10

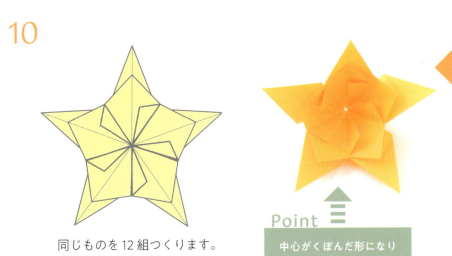

同じものを12組つくります。

花パーツのできあがり

Point
中心がくぼんだ形になります

立体花おりがみ

組み合わせる

11

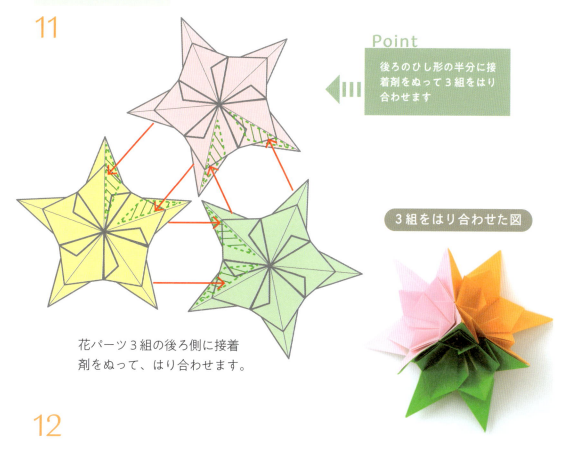

Point
後ろのひし形の半分に接着剤をぬって3組をはり合わせます

3組をはり合わせた図

花パーツ3組の後ろ側に接着剤をぬって、はり合わせます。

12

できあがり

残りの花パーツ9組も、11と同じように、接着剤でつなげてはり合わせます。

67

立体花おりがみ

葵

難易度 ★★★

真っすぐに茎を伸ばし、色とりどりの花を咲かせる葵。
デザイン画が描かれた折り紙で折ると、
印象的な花おりがみが出来上がります。
いくつかの花を組み合わせたくす玉も素敵ですが
5、6個の花パーツをくるっと輪にした小さなお花も可愛いです。

折り紙の　　　[花大1個分] 7.5cm四方・18枚(仕上りサイズ　直径約8cm)
サイズの目安：[花小1個分] 5cm四方・18枚(仕上りサイズ　直径約5.5cm)

花パーツを折る

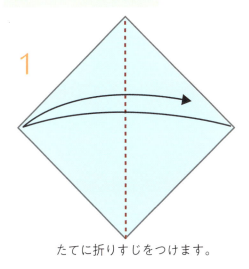

たてに折りすじをつけます。

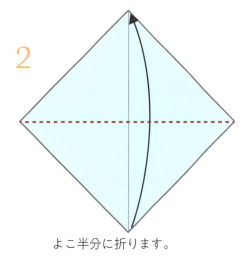

よこ半分に折ります。

左右の下の角を上の角に合わせて折ります。

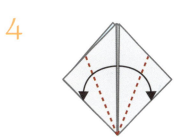

3で折ったところを、左右に半分に折ります。

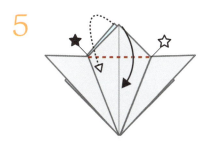

★と☆をつないだ線で、手前側は前へ、後ろ側は後ろへそれぞれ折ります。

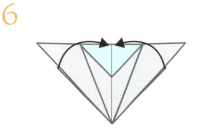

左右の三角を4の図に戻します。

7

図を大きく ➡

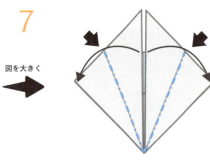

左右の三角を折りすじにそって折りつぶします。

8

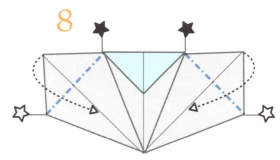

★と☆をつないだ線で、左右の上の角を内側へ折り込みます。

9

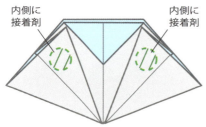

図のとおりに、左右の三角の内側を接着剤ではり合わせます。

Point
竹ぐしを使うとぬりやすいです

10

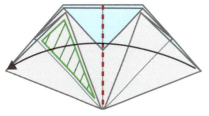

左側に接着剤をぬり、たて半分に折ります。

立体花おりがみ

11
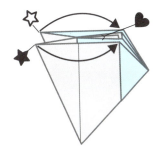
真ん中の♥の部分をつまんで、
☆と★の角をスライドさせます。

♥部分をつまみます。

12

同じものを18個
つくります。

花パーツの
できあがり

組み合わせる

13
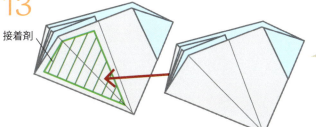
接着剤

花パーツ3個に接着剤をぬり、くるっと輪に
してはり合わせます。

輪にして、最後をはり合わせます。

71

14

同じものを6組をつくります。

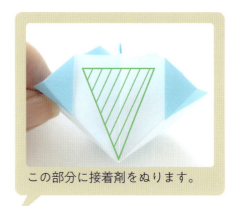

この部分に接着剤をぬります。

15

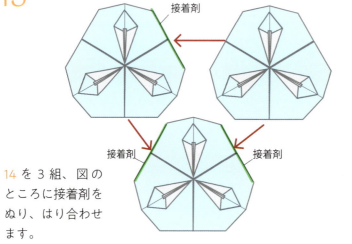

14を3組、図のところに接着剤をぬり、はり合わせます。

16

同じものを2組つくります。

17

接着剤

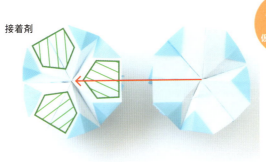

乾くまでマスキングテープで仮止めしよう

片方に接着剤をぬり、2組をはり合わせます。

できあがり

さくら

立体花おりがみ

難易度 ★★☆

折り紙を丸く切ってさくらのボールをつくりました。
ポンとはずみ出しそうな折り紙の手毬です。
小さな木の箱に入れて並べると、和菓子のようにも見えます。
プレゼントにも良いですね。

折り紙の
サイズの目安：　[花大1個分] 直径5cm 正円・20枚（仕上りサイズ　直径約5cm）
　　　　　　　[花小1個分] 直径3.8cm 正円・20枚（仕上りサイズ　直径約3.5cm）

花パーツを折る

1
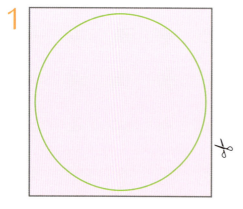
折り紙1枚を丸く切ります。

2
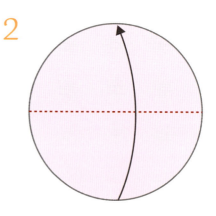
よこ半分に折ります。

3

たて半分に折ります。

4
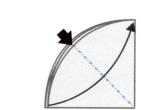
手前側の袋を開いて折りつぶします。

5
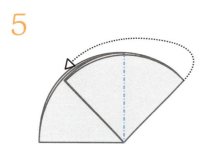
右上の角を後ろ側へ折ります。

折った図

立体花おりがみ

6

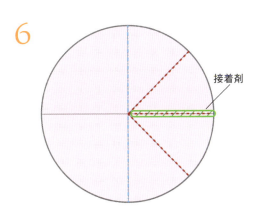

接着剤

5を一度広げて、図のところに
接着剤をぬって形を戻します。

7

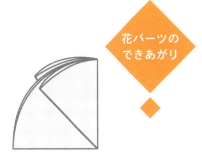

花パーツの
できあがり

同じものを20個つくります。

組み合わせる

8

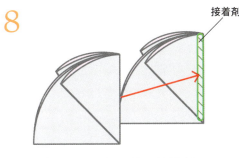

接着剤

花パーツ1個の端に接着剤をぬり、
別の花パーツ1個をはり合わせます。
同じように5個を接着剤でつなぎ、
輪にしてはり合わせます。

9

むき
かえる

Point
⇒矢印の袋になった
ところを、ピンセッ
トなどで広げます。
5個とも同じように
します

接着剤が乾いたら、花び
らを1つずつ広げます。

10

花パーツの
できあがり

同じものを4個つくります。

75

11

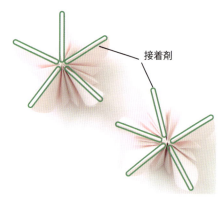

花パーツの裏側に接着剤をぬります。

12

花パーツ2個をはり合わせます。花びらを組み合わせるようにはっていきましょう。

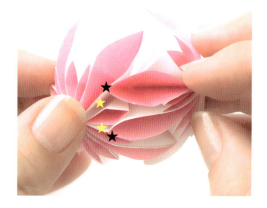

Point
片方の小さい方の花びら★のあいだに、もう片方の大きい方の花びら★を組み込むイメージではり合わせます

13

Point
手のひらに乗せて、丸くととのえましょう。乾くまで乾マステで仮止めします

乾くまでマスキングテープで仮止めしよう

12のパーツに、残りの花パーツ2個も接着剤でつなげてはり合わせます。

Point
花びらの位置は丸くなればOKなので、あまり気にしなくても良いです

できあがり

立体花おりがみ

花にら

難易度 ★★★

花にらの花びらを6枚つなげて、
小さな提灯風のオーナメントが完成しました。
吊るしてよこから眺めると、透かし彫のようなデザインが見えて
また違う美しさを楽しめます。

折り紙の
サイズの目安： [花1個分] 7.5×3.8cm・6枚（仕上りサイズ　直径約5.5cm）

花パーツを折る

1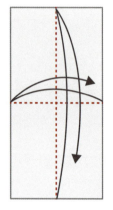

たてよこに折りすじをつけます。

2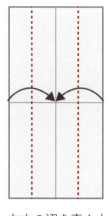

左右の辺を真ん中に合わせて折ります。

3

上下の辺を真ん中に合わせて折りすじをつけます。

Point
この折りすじで丸みが出るので、うらがえすのを忘れないように

4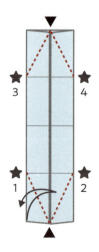

▲を軸にして、★1とつないだ線で折りすじをつけます。
★2〜★4も同じように折りすじをつけます。

5

右下の角と左上の角を内側へ折り込みます。折った先は外へ出します。

6
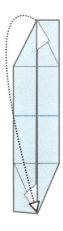

全体をよこ半分で後ろへ折ります。

7

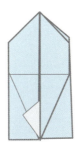

上の左右の角を、真ん中に合わせて折りすじをつけます。

8
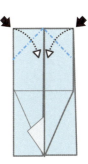

上の左右の角を内側へ折り込みます。

9

同じものを6個つくります。

花パーツのできあがり

組み合わせる

10

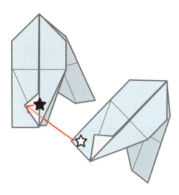

★の部分の内側に接着剤をぬって、☆の部分を差し込みます。

★をめくった裏側に接着剤をぬります。

Point
少し上に飛び出た立体になります

11

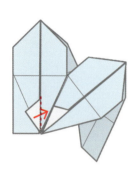

差し込んだ部分を立ち上げます。残り4個も同じように接着時でつなぎ、輪にして組み合わせます。

12

うらがえして、後ろも 10 ～ 11 と同じように接着剤でつなぎ組み合わせます。

できあがり

立体花おりがみ

ガーベラ

難易度 ★ ★ ★

細やかな花芯を、花びらとは対照的な色でデザインしたガーベラ。
1輪飾っただけでも空間にインパクトをあたえてくれます。
こんな風に自由に色を楽しめるのは、
花おりがみならではです。

折り紙の　　[花1個分] 7.5cm 四方・24枚、5×15cm・12枚
サイズの目安：(仕上りサイズ　直径約9cm)

花びらを折る

1
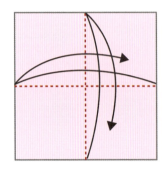
たてよこに折りすじをつけます。

2

ナナメに折りすじをつけます。

3
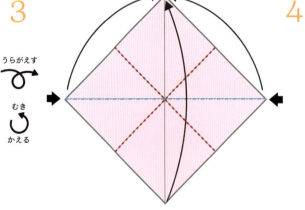
折りすじのとおりに四角に折りたたみます。左右の角は内側に折り込みます。

4
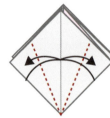
手前側の下の左右の辺を、真ん中に合わせて折りすじをつけます。後ろ側も同じようにします。

5
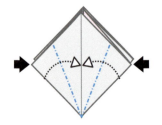
4の折りすじに沿って、左右の角を内側へ折り込みます。後ろ側も同じようにします。

6
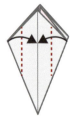
手前側の1枚の左右の角を真ん中に合わせて折ります。4箇所とも同じように折ります。

立体花おりがみ

7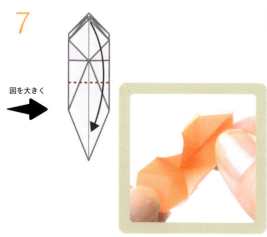

手前側の1枚の上の角を下に折り開きます。あいだの部分は三角に折りつぶします。後ろ側も同じようにします。

8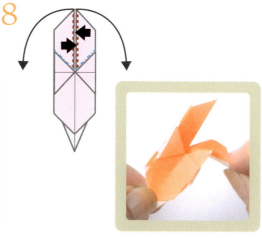

上の左右を、三角の縁に沿って内側に折り込みながら90度折ります。

9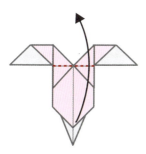

7で折ったところを戻します。後ろ側も同じようにします。

10

手前側をめくりながら、折りすじのとおりに90度折り込みます。後ろ側も同じようにします。

11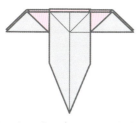

同じものを2個つくります。

花びらのできあがり

花芯をつくる

12
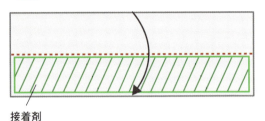
接着剤

半分に折って接着剤ではり合わせます。

13

5mm ほど残す

下を5mmほど残して、上部を2mmほどの間隔で端からカットします。

14
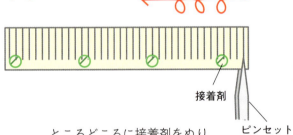
接着剤
ピンセット

ところどころに接着剤をぬりながら巻きます。

15
 むきかえる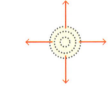

花芯を外側へ広げます。

Point
端をピンセットでつかんだまま、くるくると巻いていくとやりやすいです

Point
花芯は、指の腹を使ってふんわりと外側へ広げましょう

花パーツをつくる

立体花おりがみ

16

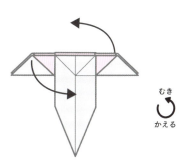

11の花びらを十文字に広げます。もう1個も同じようにします。

17

Point
山折り谷折りのひだを、きっちり合わせましょう

1個の花びらの中心に接着剤をぬり、もう1個を花びらが8枚になるように重ねて接着剤ではります。

18

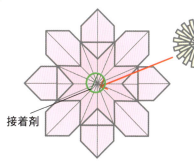

中心に接着剤をぬり、15の花芯を差し込みます。

19

花パーツのできあがり

同じものを12組つくります。

組み合わせる

20

3個をはり合わせた図

19の花パーツの後ろ側に接着剤を
ぬり、花パーツ3個をはり合わせ
ます。

21

同じものを4組つくります。

22

4組のところどころに接着剤をぬり、
はり合わせて球体にします。

23

両手で軽く押さえながら形をととの
えます。

Point
両手で花パーツ4組をに
ぎって、おさまるところ
で軽く押さえます

乾くまで
マスキング
テープで
仮止めしよう

◆ できあがり ◆

立体花おりがみ

ゆり

難易度 ★ ★ ★

黒やオレンジの折り紙を選んだら
クロユリやオニユリのような洗練された花が完成しました。
しっかりと折り目をつけることで、ユリ独特の美しさが際立ちます。
白や黄色、ピンクの色合いなら、
可愛らしく優しい雰囲気が楽しめます。

折り紙の　　　[花大1個分] 7.5cm四方・36枚（仕上りサイズ　直径約11cm）
サイズの目安：[花小1個分] 5cm四方・36枚（仕上りサイズ　直径約7cm）

花パーツを折る

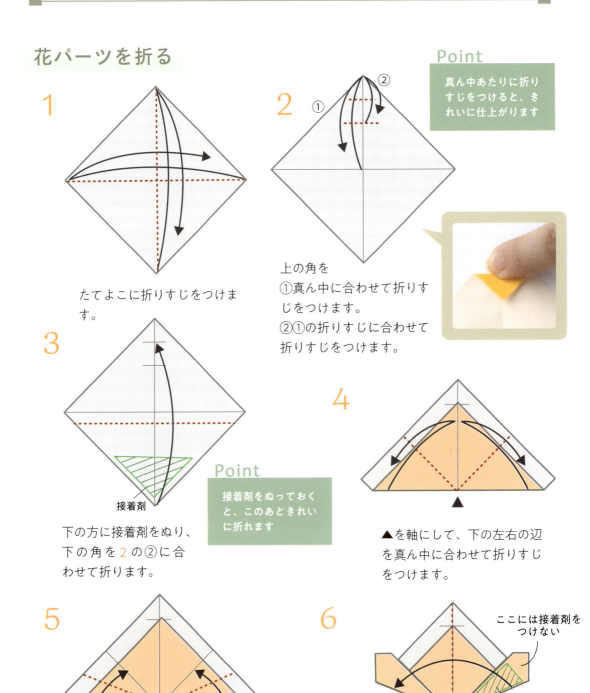

立体花おりがみ

7

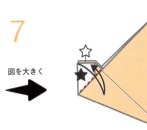

Point この部分がおしべになります

★の部分を、手前側の三角の縁に沿って折りすじをつけます。後ろの☆の部分も同じようにします。

8

★の部分を、手前の三角の縁に合わせて折ります。後ろの☆の部分も同じようにします。

9

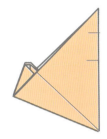

同じものを36個つくります。

10

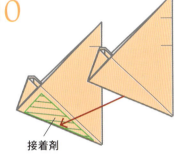

接着剤

図のところに接着剤をぬり、9を4個はり合わせます。

11

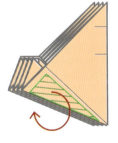

1個目と4個目を持ち、くるっと輪にして、接着剤ではり合わせます。

むきかえる

12

おしべを指で広げます。

89

13

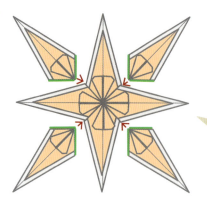

図のように、4箇所に接着剤をぬったパーツをはり合わせます。

はり合わせた図

14

花パーツAのできあがり

同じものを3組つくります。

15

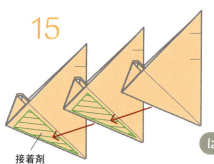

接着剤

はり合わせた図

10〜13と同じように、パーツを3個ずつにしたものをつくります。

16

花パーツBのできあがり

同じものを2組つくります。

組み合わせる

17

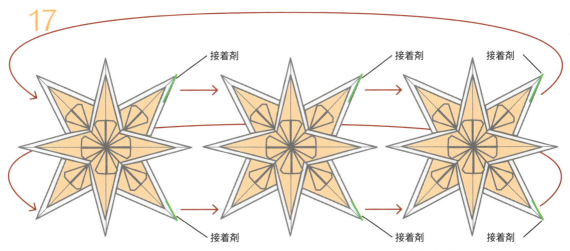

花パーツAを3組、接着剤でつないで輪にして
はり合わせます。

花パーツを2個はり合わ
せているところ

Point
接着剤が乾くまで、洗濯
ばさみなどで仮止めして
おくときれいにできます

18

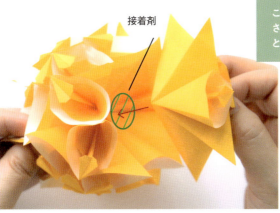

Point
ここの工程でも、洗濯ば
さみなどで仮止めしてお
と、やりやすいです

17ではり合わせたものの、上下くぼんだと
ころに花パーツBを接着剤ではり合わせます。

◆
できあがり
◆

立体花おりがみ

コラム 01 ✴ 吊るして飾る花おりがみオーナメント

空間を折り紙のオーナメントで彩る

花おりがみを組み合わせたオーナメントを吊るして飾って
いつもの空間に、ちょっぴり特別な彩りを添えてみませんか。
作品と背景の色のバランスを考えるなど、ちょっと工夫して飾るアイデアをご紹介。

ウォールアートのように

壁の近くに吊るし、ウォールアートのようにしてみましょう。オーナメントに通す糸や毛糸などの色やデザインに凝ってみたり、あいだにビーズを入れたりして自由にアレンジを加えると楽しいです。

植物と一緒に

緑をいかし、部屋にある観葉植物に吊るしてみましょう。季節に合わせてお花の色を変えると、一年中楽しめます。

窓辺で揺れるオーナメント

窓辺に飾るオーナメントは、風で揺れる様子が素敵です。くるくる回ったり、左右に揺れるだけで、まるで花が香ってくるようです。

平面花おりがみ
オーナメント

うめ、さくら、ダリア、きくなど
公園やお花屋さんでも見かける季節の花を
簡単に折れるようにアレンジしてつくりました。
立体の花おりがみと合わせて飾ると
少し特別なオーナメントになります。

Chapter 2

平面花おりがみ

うめ

難易度 ★ ★ ★

丸い花びらが愛らしい梅の花。
寒い季節に白やピンクの花を見ると
ポッと気分があたたかくなりますよね。
5枚の花びらのバランスをととのえながら折ると
きれいに仕上がります。

| 折り紙の サイズの目安： | [花1個分] 5cm四方・5枚（仕上りサイズ　直径約6cm） |

花パーツを折る

1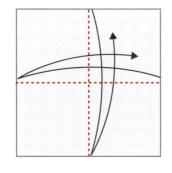

たてよこに折りすじをつけます。

2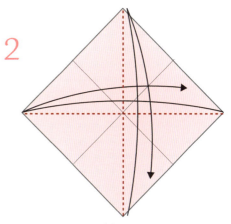

たてよこに折りすじをつけます。

3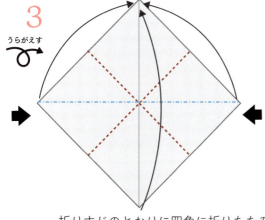

折りすじのとおりに四角に折りたたみます。左右の角は内側に折り込みます。

4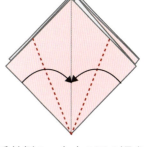

手前側の、左右の下の辺を真ん中に合わせて折ります。

5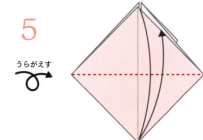

手前側の1枚に、よこ半分の折りすじをつけます。

6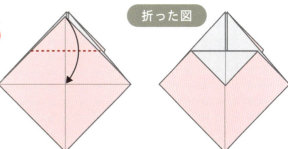

上の角を真ん中に合わせて折ります。

95

7

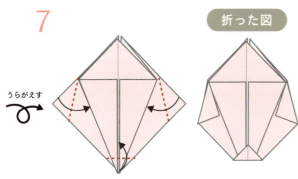

四角の上の左右の端を、三角形の縁に沿って折ります。下の角を少し折ります。

Point

和紙など厚みのある紙で折ったときに浮いてくるようなら、折ったところを接着剤ではり合わせるときれいに仕上がります

8

同じものを5個つくります。

組み合わせる

9

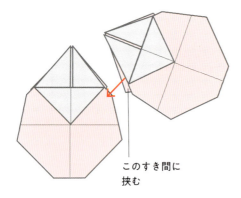

花パーツの端をもうひとつの花パーツの端のすき間に挟み、5個つなげて輪にします。

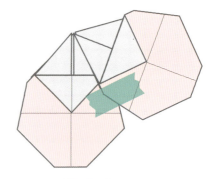

Point

マスキングテープを使って仮止めをすると、花パーツがつながりやすくなります

10

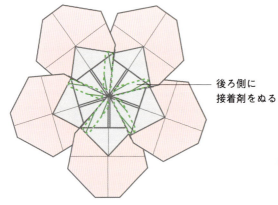

5個をバランスよく配置したら、すき間に接着剤をぬってはり合わせます。

できあがり

平面花おりがみ

さくら

難易度 ★ ★ ★

春が香るように、花びらをふんわり立体的に折ってみました。
おたよりやカードに添えると、贈る人の心もほころびます。
数枚を壁に飾れば、お部屋に春が訪れたような華やかさに。

折り紙の　　　[花大1個分] 7.5cm×3.8cm・5枚（仕上りサイズ　直径約8cm）
サイズの目安：[花中1個分] 6cm×3cm・5枚（仕上りサイズ　直径約6.5cm）
　　　　　　　[花小1個分] 5cm×2.5cm・5枚（仕上りサイズ　直径約5.5cm）

花パーツを折る

1
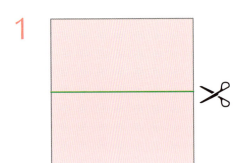

上記のサイズにするには、通常サイズの折り紙を切って使うと良いでしょう。7.5cmのサイズなら、15cmの折り紙を半分に切って使います。

2
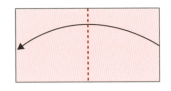

たて半分に折ります。

3

手前側の1枚を半分に折ります。後ろ側も同じようにします。

4
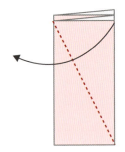

手前側1枚の左上の角と、右下の角をつなげた線でナナメに折ります。後ろ側も同じようにします。

5

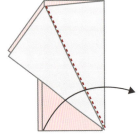

手前側の、左下の角を折りすじに沿ってナナメ上に折ります。

折った図

うらがえす

平面花おりがみ

6
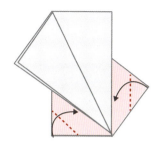

左下と右下の角を折ります。

7

花パーツのできあがり

同じものを5個つくります。

組み合わせる

8
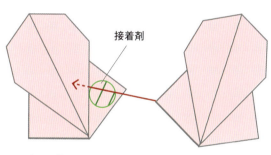

接着剤

1個の花パーツのあいだにもう1個の花パーツの角を差し込んで、バランスを見ながら5個を輪にしてから、接着剤ではり合わせます。

Point
形をととのえたら、裏側をマスキングテープで仮止めし、接着していくときれいに仕上がります

乾くまでマスキングテープで仮止めしよう

できあがり

99

平面花おりがみ

ダリア

難易度 ★ ★ ★

たくさんの花びらをヒラヒラさせながら
秋の庭で美しく咲くダリアは素敵ですよね。
そんなイメージから、
花びらを重ねた華やかな花おりがみができました。
贈り物のラッピングに飾っても喜ばれそうです。

折り紙の
サイズの目安： [花1個分] 5cm四方・8枚（仕上りサイズ　直径約8.5cm）

花パーツを折る

1
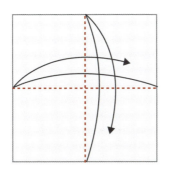
たてよこに折りすじをつけます。

2
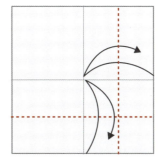
右と下の辺を、それぞれ真ん中に合わせて折りすじをつけます。

3
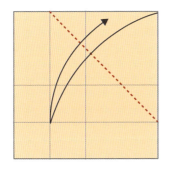
右上の角を、2でつけた折りすじの交点に合わせて折りすじをつけます。

4
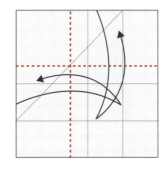
上と左の辺を、2の折りすじに合わせて折りすじをつけます。

5
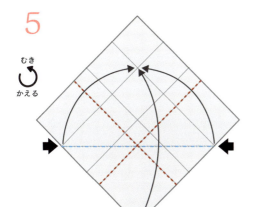
折りすじのとおりに折りたたみます（P7の「四角に折る」を参考にしましょう）。

101

6
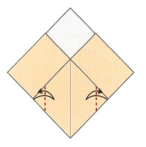

手前側の四角の左右の角に、少し折りすじをつけます。

7
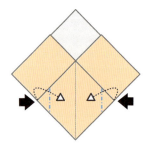

四角の左右の角を、折りすじに沿って内側へ折り込みます。

8
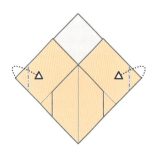

四角の左右の角を少し後ろへ折ります。

9

同じものを8個つくります。

組み合わせる

10
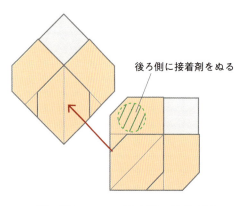

後ろ側に接着剤をぬる

1個の花パーツの後ろ側に接着剤をぬって、もう1個の花パーツの手前の花びらを挟みます。
同じように、8個を接着剤でつなげて輪にしてはり合わせます。

8個を組み合わせた図

できあがり

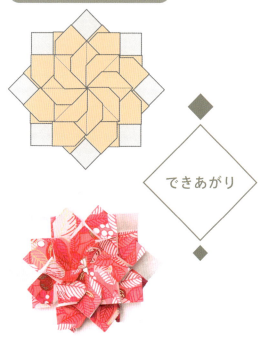

平面花おりがみ

にげら

難易度 ★ ★ ★

繊細な花びらと独特の形が魅力のにげら。
天を仰ぐように広がる花びらをデザインしました。
どこか、神秘的な美しさを感じていただけたら嬉しいです。

折り紙の　　　[花1個分] 5cm四方・8枚（仕上りサイズ　直径約7cm）
サイズの目安：[台紙1枚分] 直径2cmぐらいの厚紙・1枚

花パーツを折る

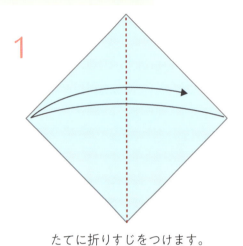

1 たてに折りすじをつけます。

2 よこ半分に折ります。

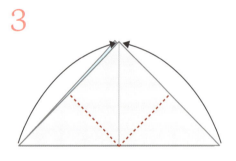

3 左右の下の角を上の角に合わせて折ります。

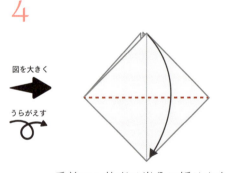

4 手前の1枚だけ半分に折ります。

図を大きく
うらがえす

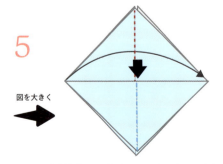

5 手前側の三角を開きながら、折りすじのとおりに折りつぶし、たてにたたみます。

図を大きく

折った図

平面花おりがみ

6

側面に接着剤

裏から見た図

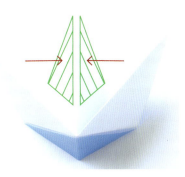

5で折った形を開きます。真ん中の側面に接着剤をぬり、左右から挟んですぼめます。

7

側面に接着剤

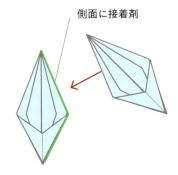

1個の側面に接着剤をぬり、もう1個をはり合わせます。

8

花パーツのできあがり

同じものを4個つくります。

組み合わせる

9

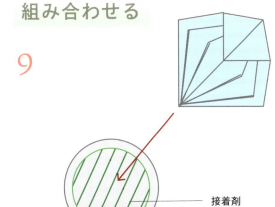

接着剤

台紙に接着剤をぬり、8の花パーツを4個はります。

できあがり

105

平面花おりがみ

ガザニア

難易度 ★★★

カラフルな花びらが太陽に向かって咲くガザニアは、
見る人を元気にしてくれる花です。
晴れやかな明るさを表現する色の折り紙を
組み合わせてつくってみました。

折り紙の
サイズの目安： [花1個分] 5cm四方・8枚（仕上りサイズ　直径約7.5cm）

花パーツを折る

1
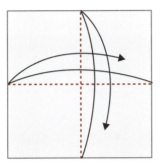
たてよこに折りすじをつけます。

2
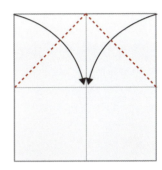
上の左右の角を真ん中に合わせて折ります。

3
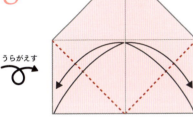
下の左右の角を真ん中に合わせて折りすじをつけます。

4
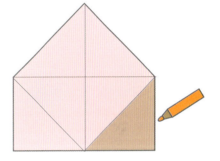
右下の三角の部分に色をつけます（つけなくてもOK）。

Point
色をつける画材は、マーカーや色鉛筆などお好みの道具でOKです

5
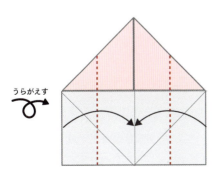
左右の辺を真ん中に合わせて折ります。

107

6

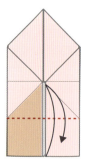

下の辺を真ん中に合わせて折りすじをつけます。

7

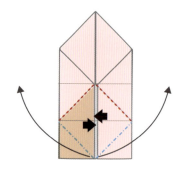

下の部分を折りすじのとおりに折りつぶします。

8

 図を大きく

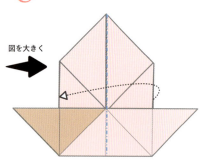

たて半分で後ろへ折ります。

9

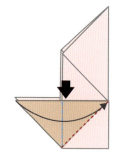

色をつけた三角の部分を、四角に折りつぶします。

10

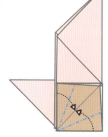

手前側の四角の左と下の辺を後ろへ折ります。

11

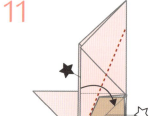

★の辺を☆の線に合わせて折ります。

平面花おりがみ

12

11で折った♥と10で折った♡の、前後を入れかえます。

13
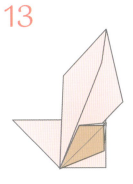
同じものを8個つくります。

花パーツのできあがり

Point
花びらの先になる部分は、少し浮いたようになります

組み合わせる

14
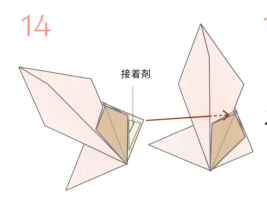
接着剤

色をつけた部分の下に接着剤をぬって、花びらのすき間に差し込みます。

15

うらがえす

折り込んだ図
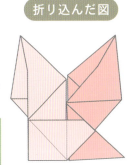

Point
わかりやすいように色を変えています

上の花パーツの重なったところの角を、下の花パーツのあいだに折り込みます。

16
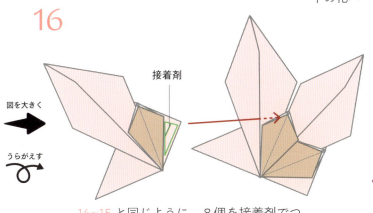
図を大きく
うらがえす
接着剤

14～15と同じように、8個を接着剤でつなぎ、輪にして組み合わせます。

できあがり
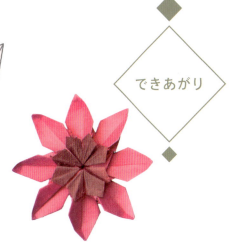

平面花おりがみ

ペチュニア

難易度 ★ ★ ★

柔らかく広がる花びらを再現したオーナメントは、
どんな場所にもあたたかい彩りを添えてくれます。
グラデーションの折り紙を選んだら、
花びらの色が自然に変化する様子が表現できました。

折り紙の
サイズの目安： [花1個分] 7.5cm四方・6枚（仕上りサイズ　直径約8.5cm）

花パーツを折る

1
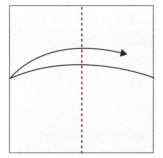
たてよこに折りすじをつけます。

2
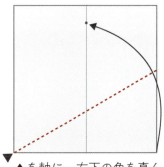
▲を軸に、右下の角を真ん中の線に合わせて折ります。

3
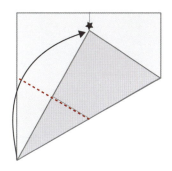
左下の角を★に合わせて折ります。

4
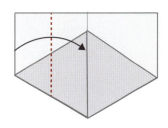
左の辺を真ん中に合わせて折ります。

5
 図を大きく
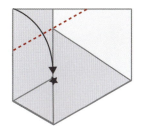
左上の角を★に合わせて折ります。

6

右下の角を★に合わせて折ります。

111

7

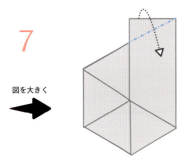

右上の辺を5で折ったところの端に沿って後ろへ折ります。

→ 図を大きく

8

6で折ったところをナナメに折りすじをつけます。同じものを6個つくります。

花パーツのできあがり

組み合わせる

9

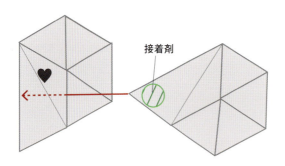

接着剤

1個の花パーツの先に接着剤をぬって、もう1個の花パーツの♥の下に差し込みます。

組み合わせた図

10

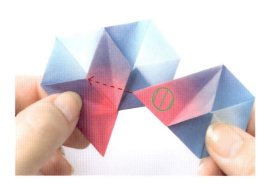

9と同じように6個を接着剤でつなぎ、輪にして組み合わせます。

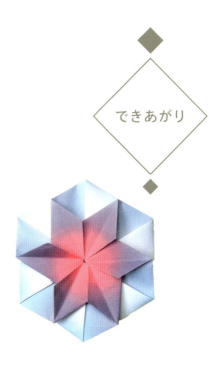

できあがり

平面花おりがみ

きく

難易度 ★ ★ ★

ていねいに揃えてはり合わせた花びらに、
気品を感じる菊のオーナメント。
季節はもちろん、空間に和の趣を加えてくれます。
小さくつくってお箸置きにすると、おもてなしにもぴったりです。

折り紙の
サイズの目安： [花1個分] 5cm四方・12枚（仕上りサイズ　直径約7.5cm）

花パーツを折る

1

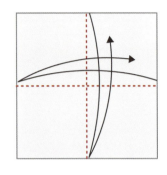

たてよこに折りすじをつけます。

2

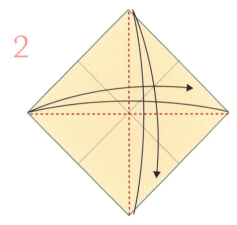

たてよこに折りすじをつけます。

3

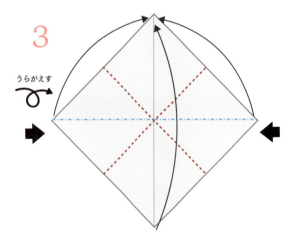

折りすじのとおりに四角に折りたたみます。左右の角は内側に折り込みます。

4

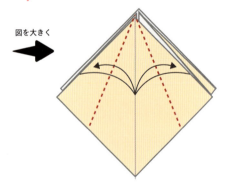

手前側の左右の辺を真ん中に合わせて折りすじをつけます。後ろ側も同じようにします。

5

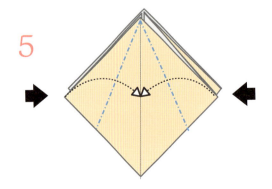

手前側の左右の角を、折りすじに合わせて内側へ折り込みます。

平面花おりがみ

6

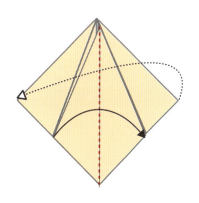

手前側を右へめくり、後ろ側を左へめくります。

7

花パーツのできあがり

同じものを12個つくります。

組み合わせる

8

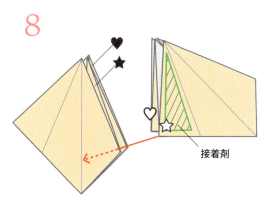

接着剤

2個を組み合わせた図

☆を★のすき間に差し込み、♡を♥のすき間に差し込んで接着剤ではり合わせます。
同じように花パーツ12個を接着剤でつなぎ、輪にして組み合わせます。

できあがり

コラム 02　★ 置いて飾る花おりがみオーナメント

寄せ鉢やフラワーアレンジメントのように

組み合わせる前の花パーツなどを使った飾り方をご紹介します。
花パーツを、フラワーアレンジメントや寄せ鉢のように合わせたり、
ひとつの器などに入れても素敵です。
お部屋の空間に合わせて自由に飾りましょう。

花ポット

プランターにオーナメントを乗せて、オブジェのように飾ってみるのも良いですよ。折り紙に好きな香りをつけると、プチフレグランスにもなっておすすめです。

花かごアレンジ

いくつかの花パーツをかごに入れ、花かごをつくってみました。お部屋のインテリアに合わせて花を選ぶと、気分も上がります。

オン ザ プレート

花パーツやオーナメントを、お皿などのプレートに飾ってみましょう。玄関に置いておくだけで、おもてなしにぴったりの空間を演出できます。

伝承花おりがみ
オーナメント

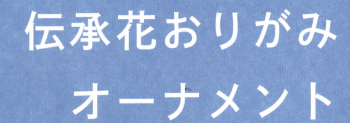

手から手へ、心から心へ受け継がれてきた伝承おりがみ。
家族や友人と一緒に折れば会話も弾み、
心をつなぐ癒しのひとときを楽しめます。
日々のペースをちょっと緩やかにしたいなと思ったら
伝承の花おりがみをつくってみませんか。

Chapter 3

伝承花おりがみ

伝承・くす玉1

(難易度 ★★☆)

花パーツ1つでも様になる伝承折りを12個集めてオーナメントにしました。
3つの花パーツの花びらを裏側ではり合わせてユニットにしていきます。
ポイントは、3箇所ずつをていねいにはることです。

> 折り紙の
> サイズの目安： [花1個分] 7.5cm四方・60枚（仕上りサイズ　直径約11cm）

花パーツを折る

1

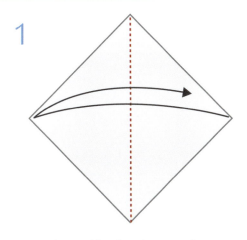

たてに折りすじをつけます。

2

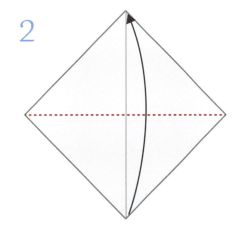

よこ半分に折ります。

3

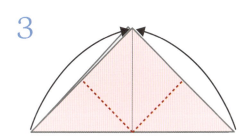

左右の下の角を上の角に合わせて折ります。

図を大きく

4

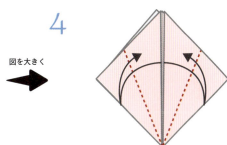

3で折ったところを左右の辺に合わせ、半分に折りすじをつけます。

5

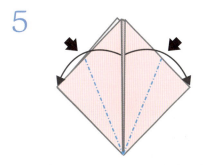

折りすじに沿って左右の三角を折りつぶします。

6

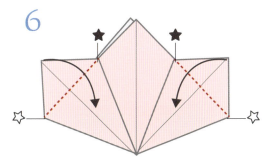

★と☆をつないだ線で、左右の上の角を手前に折ります。

119

7

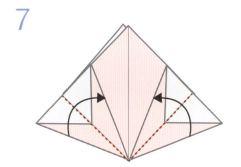

左右の三角を半分に折ります。

8

片方の三角に接着剤をぬって左右の三角をはり合せます。

> **Point**
> 真ん中はきちっと折らずに、ふわっとしておくほうがきれいに仕上がります

9

同じものを5個つくります。

10

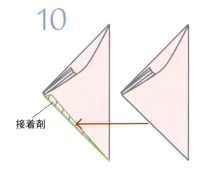

図のところに接着剤をぬり、5個を合わせてくるっと輪にしてはり合わせます。

> **Point**
> 接着剤は細くぬると花を広げやすいです

> **Point**
> 5個をはり合わせて、接着剤が乾いてから輪にするとつくりやすいです

11

むき
かえる

同じものを12組つくります。

花パーツのできあがり

よこから見た図

組み合わせる

12

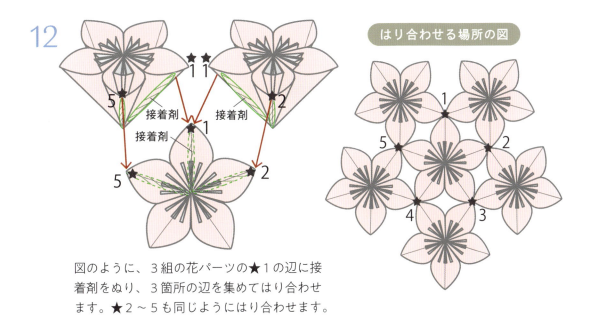

図のように、3組の花パーツの★1の辺に接着剤をぬり、3箇所の辺を集めてはり合わせます。★2〜5も同じようにはり合わせます。

はり合わせる場所の図

13

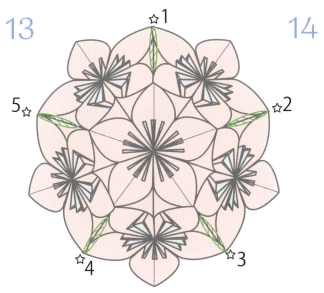

☆1〜5の花びらの後ろ側に接着剤をぬって、はり合わせます。同じものを2組つくります。

14

2組を接着剤ではり合わせます。

Point
花びらを3枚合わせながら組み合わせます

伝承花おりがみ

できあがり

伝承花おりがみ

伝承・くす玉2

難易度 ★ ★ ★

窄(すぼ)んだような花の形を集めた伝承折り紙のオーナメントです。
ちょっと複雑な折り方ですが、しっかり折りすじをつけることで、
次のステップではスムーズに折ることができます。
伝承折り紙は、日本の自然美を表しているそうですが
折り方もまた、美しい手法だと思います。

折り紙の
サイズの目安： [花大1個分] 7.5cm四方・40枚（仕上りサイズ　直径約8cm）
[花小1個分] 5cm四方・40枚（仕上りサイズ　直径約7.5cm）

花パーツを折る

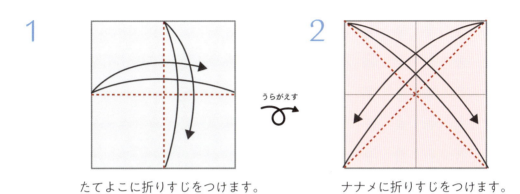

1 たてよこに折りすじをつけます。

2 ナナメに折りすじをつけます。

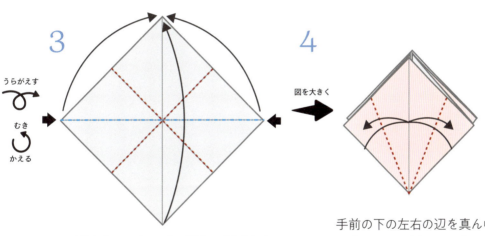

3 折りすじのとおりに四角に折りたたみます。左右は内側に折り込みます。

4 手前の下の左右の辺を真ん中に合わせて、折りすじをつけます。後ろ側も同じようにします。

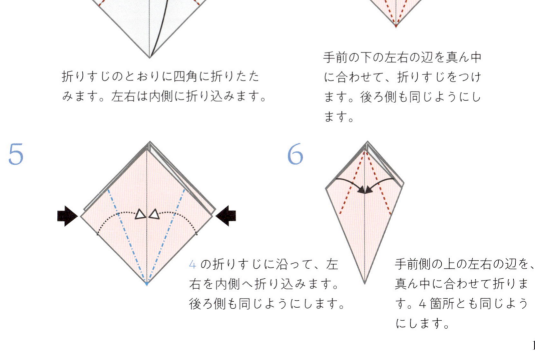

5 4の折りすじに沿って、左右を内側へ折り込みます。後ろ側も同じようにします。

6 手前側の上の左右の辺を、真ん中に合わせて折ります。4箇所とも同じようにします。

123

7

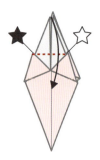

手前側の上の角を★と☆をつないだ線で折ります。4箇所とも同じようにします。

8

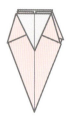

折ったところを全部広げます。

広げた図

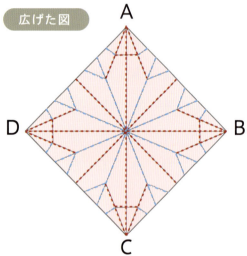

9

Point
わかりやすいように、折る部分を拡大、色を濃くしています

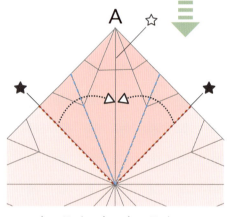

★のラインを、☆のラインの後ろ側に合わせて後ろへ折ります。

10

Point
中心がくぼんだような形になります

上の左右の辺を真ん中に合わせて折ります。

11

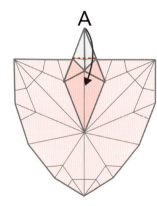

Aの上の角を下へ折ります。

伝承花おりがみ

12

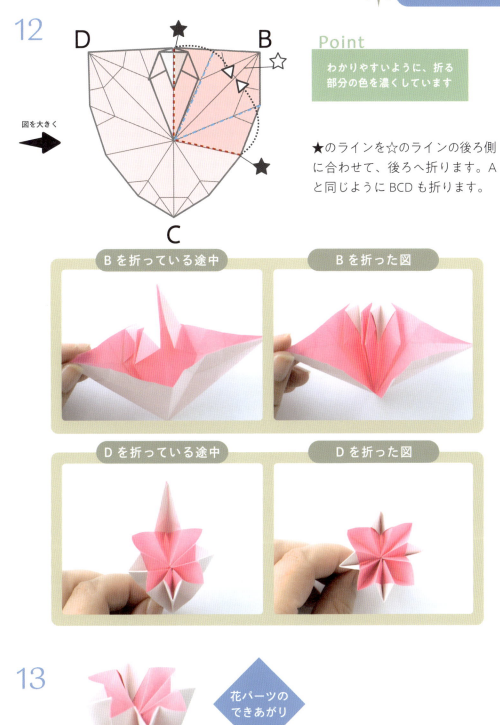

Point
わかりやすいように、折る部分の色を濃くしています

★のラインを☆のラインの後ろ側に合わせて、後ろへ折ります。Aと同じようにBCDも折ります。

Bを折っている途中

Bを折った図

Dを折っている途中

Dを折った図

13

花パーツのできあがり

同じものを40個つくります。

組み合わせる

14

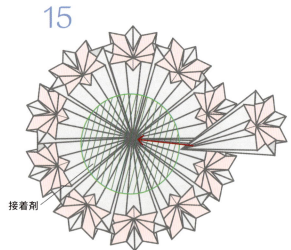

花の側面のところどころに接着剤をぬり、花パーツ10個を輪にしてはり合わせます。

Point
台紙に円を書いて、はり合わせる目安にします。花パーツが輪になるようにはり合わせましょう

15

くぼんだところに接着剤をぬり、花パーツ7個をはり合わせます。

16

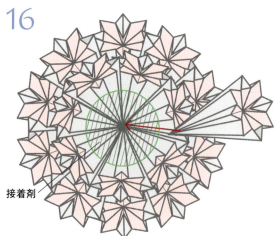

くぼんだところに接着剤をぬり、花パーツ3個をはり合わせます。

17

同じものを2組つくります。

伝承花おりがみ

18

つくった2個を接着剤ではり合わせ、両手で包み込むように軽く力入れ、形をととのえます。

19

乾くまでマスキングテープで仮止めしよう

全体をマスキングテープで軽くとめて、のりが乾くまでしばらく置いておきます。

◆ できあがり ◆

127

たかはしなな

イラストレーター、ペーパークラフト作家。
オリジナルの折り紙とかわいいイラストを組み合わせた作品が人気。
日本各地やパリでワークショップを開催。
【HP】https://nanahoshi.com　【Instagram】@_nanahoshi_

主な著書
『nanahoshiの花おりがみBOOK ～大人かわいい四季の花々と動物たち～』（メイツ出版）
『nanahoshiの花おりがみBOOK ～もっと季節を楽しむかわいい花々と動物たち～』（メイツ出版）
『花おりがみの飾りもの』（誠文堂新光社）
『nanahoshiのおりがみ手紙 アイデアBOOK ちょこっと折って、気持ちを伝える』（メイツ出版）
『nanahoshiの旅するおりがみEurope』（主婦の友社）
『nanahoshiの大人かわいいおりがみ』（主婦の友社）　ほか

企画：NikoWorks
編集制作：NikoWorks
撮影：伊井龍生
デザイン：中村志保
DTP：中西成喜　NikoWorks
材料（和紙）協力：Adeline Klam　【HP】https://adelineklam.com
　　　　　　　　森田和紙　【HP】https://wagami.jp
　　　　　　　　京都和紙工芸社　【HP】https://kyoto-washi.com

---

nanahoshiの飾って美しい 花おりがみオーナメント
ユニット折り紙でつくる季節の花々

2025年 1月30日　第1版・第1刷発行
2025年 3月10日　第1版・第2刷発行

著　者　たかはしなな
発行者　株式会社メイツユニバーサルコンテンツ
　　　　代表者　大羽 孝志
　　　　〒102-0093 東京都千代田区平河町一丁目1-8
印　刷　シナノ印刷株式会社

◎「メイツ出版」は当社の商標です。

●本書の一部、あるいは全部を無断でコピーすることは、法律で認められた場合を除き、
　著作権の侵害となりますので禁止します。
●定価はカバーに表示してあります。

© たかはしなな , ニコワークス ,2025 ISBN978-4-7804-2955-8　C2076　Printed in Japan.

ご意見・ご感想はホームページから承っております。
ウェブサイト　　https://www.mates-publishing.co.jp/

企画担当：折居かおる